I LOVE TO KEEP MY ROOM CLEAN

ME GUSTA TENER MI HABITACIÓN LIMPIA

Shelley Admont

Illustrated by Sonal Goyal, Sumit Sakhuja

www.kidkiddos.com

support@kidkiddos.com

Second edition

Translation from English by A. S. Belyaev
Traducción al inglés de A. S. Belyaev

Library and Archives Canada Cataloguing in Publication
I Love to Keep My Room Clean (Spanish Bilingual Edition) / Shelley Admont
ISBN: 978-1-5259-1559-8 paperback
ISBN: 978-1-77268-398-1 hardcover
ISBN: 978-1-926432-82-3 eBook

Please note that the Spanish and English versions of the story have been written to be as close as possible. However, in some cases they differ in order to accommodate nuances and fluidity of each language.

KidKiddos Books

For those I love the most-S.A.
Para las personas que más quiero - S.A.

It was a sunny Saturday morning in a faraway forest. Three bunny brothers had just woken up when their Mom entered the room.

Era una soleada mañana de sábado en un bosque muy lejano. Tres hermanos conejitos acababan de despertarse cuando su mamá entró a la habitación.

"Good morning, boys," Mom said. "I heard you moving around in here."

—¡Buenos días, chicos! —dijo la mamá—. Los escuché moviéndose aquí dentro.

"Mom, today is Saturday, we can sleep as late as we want," said the oldest brother with a smile.

—Mami, pero hoy es sábado. Podemos quedarnos en cama todo lo que queramos —dijo el hermano mayor con una gran sonrisa.

"You can stay in your beds for a while," Mom said, "but I'll have to leave. I need to visit your Granny today. You'll stay with Daddy until I come back."

—Pueden quedarse en sus camas un rato más —dijo mamá— pero yo sí voy a salir. Hoy tengo que visitar a la abuelita. Se quedarán con papá hasta que regrese.

"When you get out of your beds and brush your teeth, you'll have your breakfast," Mom added.
—Cuando salgan de la cama, cepillen bien sus dientes y tomen su desayuno —añadió mamá.

"After that, you can read books or play with your toys," Mom continued. "Or, you can go outside and ride your bicycles."
—Después, pueden leer libros o jugar con sus juguetes —continuó—. O también pueden salir y montar bicicleta.

"Hooray!" The bunny brothers started to jump on their beds happily.
—¡Genial! —Los hermanos conejitos empezaron a saltar de felicidad sobre sus camas.

"But..." said Mom, "you are responsible for cleaning your room."
—Pero... —dijo mamá—. Ustedes tendrán la responsabilidad de limpiar su habitación.

"When I come back, I want to see this house clean and organized, exactly as it is now. Can you do this?"

—Cuando yo vuelva, quiero ver esta casa limpia y ordenada, tal y como está ahora. ¿Podrán hacerlo?

“Sure, Mom,” answered the oldest brother proudly. “We are big enough and we can be responsible.”

—¡Claro mamá! —respondió el hermano mayor muy orgulloso. —Ahora somos mayores y podemos ser responsables.

After they brushed their teeth, Dad served a delicious breakfast and an even more delicious dessert. Then the fun began!

Después de lavarse los dientes, papá les sirvió un delicioso desayuno y luego un postre aún más delicioso. ¡Y comenzó la diversión!

The bunnies started by putting together their puzzle.Then they continued to their wooden building blocks. Next they played together with the rail trail before turning on the train.

Los conejitos comenzaron a armar un rompecabezas. Continuaron con los bloques de construcción de madera y luego jugaron juntos a construir la vía del tren antes de ponerlo en marcha.

"This railway train is my favorite," said Jimmy as he flipped the on switch. The train shook the track as it moved.

—Este ferrocarril es mi favorito —dijo Jimmy mientras encendía el botón—. El tren hizo vibrar la vía al moverse.

"This is the best present I've got on my last birthday."

—Es el mejor regalo que recibí en mi último cumpleaños.

J

After playing inside for hours, the bunnies grew bored.

Después de jugar durante horas dentro de la casa, los conejitos se aburrieron.

“Let’s go play outside!” said the middle brother, looking out the window.

—¡Vamos a jugar fuera! —dijo el hermano del medio mirando por la ventana.

“Yeah! But we need to clean up here first,” said the older brother.

—¡Sí!, pero necesitamos limpiar esto antes —dijo el hermano mayor.

“Oh, we have enough time before Mom comes back,” answered Jimmy, “we can clean up later.” The older brothers agreed and they all went out.

—¡Bah!, tenemos mucho tiempo antes de que mami regrese —respondió Jimmy—. Podemos limpiar luego. Los hermanos mayores estuvieron de acuerdo y salieron a jugar.

J

Outside, three bunny brothers enjoyed the sunny weather. Finally they decided to play basketball.

Fuera de la casa, los tres hermanos conejitos disfrutaron el clima soleado. Finalmente, decidieron jugar al baloncesto.

"We'll need our basketball," said older brother. "But I don't remember where we put it."

—Necesitaremos la pelota de baloncesto — dijo el hermano mayor—. Pero no recuerdo dónde la hemos puesto.

"I think it's under my bed," added Jimmy. "I'll go check." With that, he ran inside the house, hoping to find the ball.

—Creo que está debajo de mi cama —agregó Jimmy—. Voy a buscarla —Y salió corriendo hacia la casa, esperando encontrar la pelota.

When he opened the door to their room he was very surprised. The floor was covered with puzzle pieces, building blocks, cars and other toys.

Cuando abrió la puerta de su habitación se sorprendió. El suelo estaba cubierto de piezas de rompecabezas, bloques de construcción, coches y otros juguetes.

"Who made all this mess?" he exclaimed as he walked forward carefully, trying not to step on anything.

—¿Quién ha hecho este desorden? — exclamó y comenzó a caminar con mucho cuidado, tratando de no pisar nada.

Eventually, he stumbled and lost his balance. He was trying to stay upright, but instead fell directly on his favorite train.

De pronto, se tropezó y perdió el equilibrio. Intentó mantenerse en pie pero no pudo y cayó directamente sobre su tren favorito.

"Ouch!" he screamed, watching the train's wheels flying in different directions. "Noooo, my favorite train!" Jimmy burst into tears.

—¡Ay! —gritó mientras veía las ruedas del tren volando en diferentes direcciones—. ¡Noooo, mi tren favorito! Jimmy estalló en lágrimas.

"Are you alright, honey?" Dad appeared in the door.

—¿Estás bien, cariño? —papá apareció en la puerta.

"I'm OK. But my train..." cried Jimmy, pointing to the train's broken wheels.

—Estoy bien, pero mi tren... —lloró Jimmy, señalando las ruedas rotas del tren.

"I can't even see the train," said Dad. "And what exactly happened in this room?"

—Ni siquiera puedo ver el tren —dijo papá—. ¿Qué ha pasado en esta habitación exactamente?

"Jimmy, why's it taking you so long?" asked the other brothers as they ran into the house.

—Jimmy, ¿por qué tardas tanto? —preguntaron los otros hermanos cuando entraron corriendo a la casa.

"My train broke!" Jimmy couldn't stop crying.

—¡Mi tren se ha roto! —Jimmy no paraba de llorar.

"Don't cry, Jimmy," said the oldest brother. "We'll think of something. Dad?"

—No llores Jimmy —le dijo el hermano mayor—. Ya pensaremos en algo, ¿Papá?

"I'll check if I can fix it," answered Dad. "But you need to clean up in here. Bring me the train and the wheels after you find them," he said leaving the room.

—Veré si puedo arreglarlo —contestó papá—. Pero tienen que limpiar todo esto. Tráiganme el tren y las ruedas cuando las encuentren. Y con esas palabras papá salió de la habitación.

"We need to hurry, before Mom comes back," said the oldest brother.
—Necesitamos darnos prisa, antes de que mamá vuelva —dijo el hermano mayor.

"Oh, cleaning up is boring," said Jimmy.
—¡Ay!, limpiar es aburrido —dijo Jimmy.

"Let's play a cleaning-up game then," exclaimed his older brother.
—¡Vamos a jugar al juego de limpiar entonces! —exclamó el hermano mayor.

Jimmy became excited. "The storm is coming soon!" he shouted. "We need to help all the toys get back to their houses."
Jimmy se emocionó.
—¡La tormenta se acerca! —gritó—. Necesitamos ayudar a todos los juguetes a volver a sus casas.

"We're superheroes," yelled the middle brother. He picked up toys from the floor and put each one in its proper place.

—¡Somos superhéroes! —gritó el hermano del medio, recogiendo los juguetes del suelo y colocando cada uno en su sitio.

Playing and enjoying, the brothers organized and cleaned everything.

Los hermanos ordenaron y limpiaron todo mientras jugaban y disfrutaban con el juego.

"All wheels are here," exclaimed Jimmy, running to his father with the broken train in his hands.

—¡Todas las ruedas están aquí! —exclamó Jimmy, corriendo hacia su padre con el tren roto y las ruedas en sus manos.

"Here, I found the basketball!" screamed the middle brother with excitement.

—¡Encontré la pelota de baloncesto! —gritó el hermano del medio con entusiasmo.

"Put it in its box and... we are finished," said the oldest brother happily.

—Ponla en su caja y... habremos terminado —dijo el hermano mayor lleno de felicidad.

"It was really fun," said the middle brother, sitting down on his bed, "but it took us a whole hour. It was too much mess."

—¡Fue realmente divertido! —exclamó el hermano del medio sentándose en su cama—. ¡Pero nos tomó toda una hora! Había mucho desorden.

“No!” yelled Jimmy as he entered the room. “Don’t sit there!”
“What? Why?!” asked the middle brother, jumping off the bed.

—¡No! —gritó Jimmy entrando en la habitación—. ¡No te sientes ahí!
—¿Qué?, ¿por qué? —preguntó el hermano del medio, saltando de la cama.

“You just made your bed. If you sit on it now, you'd have to make it again,” explained Jimmy.

—Porque la acabas de hacer. Si te sientas ahí ahora, tendrás que hacerla de nuevo —explicó Jimmy.

“Maybe we could read a book now,” suggested the older brother, approaching the bookshelf.

—Quizás podríamos leer un libro ahora —dijo el hermano mayor, acercándose a la estantería.

“Don’t touch those books,” shouted Jimmy.“I organized them all by color!”

—No toques esos libros —gritó Jimmy—. ¡Los he ordenado por colores!

"Sorry," said the oldest brother. "But what will we do? We can't play with anything."

—¡Perdón! —dijo el hermano mayor—. Pero entonces, ¿qué hacemos? No podemos jugar con nada.

They thought for a while and then the oldest brother shouted: "I have an idea!"

Pensaron durante un rato y, entonces, el hermano mayor gritó:
—¡Tengo una idea!

"What if we clean up after each game?" he suggested. "Then it won't take so much time to put toys away."

—¡Qué tal si limpiamos después de cada juego? —sugirió—. Así no tardaremos tanto tiempo en poner los juguetes en su sitio.

"Let's try," said Jimmy happily.
—Probemos —dijo Jimmy muy contento.

First, the oldest brother read a beautiful book with pop-up pictures to his younger brothers. When they finished reading, he put it back on the shelf.

Primero, el hermano mayor leyó a sus dos hermanos pequeños un maravilloso libro con ilustraciones móviles. Cuando terminaron de leerlo, lo colocaron de nuevo en la estantería.

Next, they built a large tower out of their colorful blocks. When they were done, they put the blocks back into the box — and the room stayed clean!

Luego, construyeron una gran torre con sus bloques de colores. Cuando terminaron, pusieron los bloques en su caja, y... ¡la habitación seguía limpia!

At that moment, Mom and Dad knocked on the door.
En ese momento, mamá y papá llamaron a la puerta.

"I missed you so much," said Mom, "but I see you managed to keep your room clean. I'm so proud of you."
—¡Los extrañé mucho! —dijo mamá—. Pero veo que lograron mantener la habitación limpia. Estoy muy orgullosa de ustedes.

"And here's your train, Jimmy," said Dad, handing him the toy. The wheels were fixed and Jimmy smiled widely.
—¡Y aquí está tu tren, Jimmy! —dijo papá dándole el juguete—. Las ruedas estaban arregladas y Jimmy sonrió.

"Who wants to try cookies that Granny made for you?" asked Mom.
—¿Quién quiere probar las galletas que la abuelita ha hecho para ustedes? —preguntó mamá.

"Me!" shouted the bunny brothers and their Dad.
—¡Yo! —gritaron los hermanos y también papá.

"But we'll eat them in the kitchen, not in this clean room," said Jimmy very seriously. "Right, Mom?"
—Pero vamos a comerlas en la cocina, no en esta habitación limpia —dijo Jimmy muy serio—. ¿Verdad mamá?

The whole family started laughing loudly and went to the kitchen to eat cookies.

La familia entera comenzó a reír a carcajadas. Después, se dirigieron a la cocina a comer las galletas.

Since that day, the brothers loved to keep their room clean and organized. They played with all their toys but when they finished, they put everything back in its place.

Desde aquel día, a los hermanos les gustó mantener su habitación limpia y ordenada. Aunque jugaban con todos sus juguetes, al terminar siempre colocaban todo en su lugar.

It never took them long to clean up their room again.

Nunca les volvió a tomar mucho tiempo dejar su habitación limpia otra vez.

www.ingramcontent.com/pod-product-compliance
Lightning Source LLC
Chambersburg PA
CBHW061136070526
44584CB00033B/4339
9781525915598